CITADELLE

DU

CHATEAU DE LOCHES.

NOTICE MONOGRAPHIQUE

SUR LA

CITADELLE DU CHATEAU DE LOCHES

ANCIENNE PRISON D'ÉTAT.

PAR A.-J. BAILLARGÉ

Architecte, Inspecteur des travaux de la restauration du château de Blois.

A PARIS,
CHEZ TECHENER, PLACE DU LOUVRE.

A TOURS ET A LOCHES
CHEZ LES PRINCIPAUX LIBRAIRES.

A Monsieur le Président
Et à Messieurs les Membres de la Société
Archéologique de Touraine.

Hommage respectueux de l'auteur.

Alph. BAILLARGÉ.

La ville de Loches en Touraine, sur la rivière d'Indre, appartenait autrefois aux premiers comtes d'Anjou. Son château beau, rare, spacieux et autrefois si fort par ses défenses, qu'aucun du royaume ne l'égalait, était leur demeure gracieuse et le donjon un lieu de sûreté pour leurs prisonniers. On a fait état de cette place pendant la grandeur et autorité des Anglais parmi nous comme si elle eût été, en l'épicycle de Mars, à l'abri des coups du ciel et des violences de la terre. Le roi d'Angleterre même, à la fortune duquel les choses impossibles se sont pour un temps rendues possibles, avoua et confessa ingénuement qu'elle était imprenable.

(Manuscrit inédit de M. Louis Chartier, curé de St-André de Beaulieu-les-Loches, en 1693.)

CITADELLE DE LOCHES[*]

I.

Au sein de l'une des plus vieilles cités de la Touraine, dans un poste stratégique choisi autrefois pour couvrir les marches d'une riche province, s'élève un ancien monument de la féodalité, imparfaitement décrit par les historiens modernes. — C'est la citadelle du château de Loches.

Commencée par les premiers comtes d'Anjou, héritiers de Foulques le Roux, elle s'est accrue successivement de nouveaux bâtiments et de nouvelles enceintes qui en ont porté la puissance, au point de rivaliser, sous le rapport des ressources de la défense, avec les bastilles les plus renommées du moyen-âge.

---

[*] M. l'abbé Nogret, curé de St-Ours de Loches, a bien voulu nous communiquer des documents manuscrits importants pour la rédaction de cette notice. Nous le prions d'agréer nos sincères remerciements.

Nous avons fait une étude particulière de quelques-unes de ces places de guerre demeurées à jamais fameuses, et qu'il ne faut point juger d'après les idées actuelles. Construites dans un but d'intérêt égoïste, mais non pour garantir le territoire contre les entreprises de l'ennemi étranger, ce n'est que très-accidentellement qu'elles ont rempli ce bon office. Leur véritable objet était de perpétuer dans la même famille, avant la dérivation providentielle des croisades, une insupportable tyrannie, et d'abriter, derrière leurs murailles infranchissables, des brigandages et des déprédations presque toujours impunis. Coucy, Marle, en Picardie, Châtellux, en Bourgogne, Saumur, Montrichard en ce pays, nous ont paru, en résumé, moins heureureusement combinés que cette belle forteresse.

Devenue l'un des boulevards de la monarchie française, par suite des désastres de l'infortuné Charles VI, la citadelle de Loches fut l'objet des soins les plus constants de la part du jeune prince, qu'on appelait dérisoirement le roi de Bourges. Louis XI et Charles VIII y travaillèrent aussi ; le roi Louis XII la termina.

Elle se composait alors d'une première enceinte pentagonale flanquée de tours, laquelle en embrassait une seconde, et nous pourrions dire une troisième, où se trouvait compris un magnifique donjon digne du plus haut intérêt.

L'époque de l'édification de ce beau morceau d'architecture militaire n'est pas encore bien déterminée. Quelques archéologues, à défaut de pièces écrites, le font remonter jusqu'au temps du vieux Faucon-Noir de l'Anjou; à Foulques III, le Hiérosolymitain, c'est-à-dire vers le milieu du XIe siècle. On ne peut alléguer aucune raison valable, pour combattre cette assertion peut-être un peu téméraire. Toutefois, l'art de la construction des châteaux fortifiés n'a pas subi de changements réellement appréciables dans une période de deux cents ans, avant l'apparition de l'ogive et des machicoulis ; c'est pour cela que l'on ne peut émettre que de vagues conjectures, relativement à l'âge véritable du donjon de Loches ; car il serait par trop absolu de conclure en faveur du xiie siècle, à cause de la beauté inusitée de la bâtisse qui, selon nous, ne prouve rien.

Ce qui prouve davantage, ce sont les témoignages historiques ; ils permettent de supposer, en effet, que Foulques Nerra, reconstructeur des puissants châteaux de Montrichard, Montbazon, Langeais, Saumur, n'a pas moins fait pour celui de Loches, qui lui appartenait par héritage. Sans doute il l'a dû pourvoir de forts ouvrages où la garnison put se maintenir, même après la prise du corps de place, pour assurer le succès d'un retour agressif de la part des anciens tenants.

C'est donc Foulques Nerra qui a fait élever ce superbe donjon ; nous aimons cette origine et nous voulons la lui conserver. Foulques Nerra est une de ces figures de héros chimériques, qui plaisent à l'imagination des artistes, par cela même que la légende s'en est emparée. Ce n'est plus désormais un homme ayant vécu de la vie mortelle : on lui prête des actions qu'il n'a pu faire, soit qu'il fût déjà couché sous la pierre de son sépulcre, ou soit qu'il ne fut pas né. Éminemment épique, il a intéressé à ce titre toutes les variétés de la grande famille littéraire. Bardes, ménestrels, chroniqueurs, mémorialistes, historiens, romanciers, se sont exercés sur son compte ; tous, plus ou moins, ont vécu à ses dépens.

Quelque peu entaché d'une teinte d'esprit romanesque, nous

aimons à évoquer, par la pensée, l'image du glorieux comte qui git à Beaulieu dans la poussière, et dont le damnable patronage a peut-être contribué, plus qu'on ne croit, aux vissicitudes fatales de la superbe abbaye qu'il avait fondée. Comblé de richesses, gorgé de gloire, lassé de conquêtes, Dieu qui laissa ses crimes impunis et que des expiations dérisoires n'avaient pas satisfait, a poursuivi sa cendre et s'est vengé sur son tombeau. Foulques, qui avait tout fait pour assurer le repos éternel de son corps au-delà de cette vie, qui accable du poids de ses malédictions solennelles ceux qui troubleraient, dans la possession de ses dons magnifiques, les pères bénédictins de Beaulieu, ses intercesseurs perpétuels près du Dieu de miséricorde; Foulques, qui entre autres édifices expiatoires, avait fait ériger pour l'usage de ces mêmes pères une église admirable et des bâtiments monastiques en rapport avec ce somptueux monument; Foulques, enfin, si bien obéi de son vivant, n'a pu préserver, après sa mort, ceux qu'un sentiment profond du besoin qu'il avait de prières éternelles lui avait fait instituer au prix des plus grands sacrifices, pour être les instruments de son salut et le tirer des flammes temporaires du purgatoires, où sa conscience le plaçait complaisamment. Dès la fin du xiv° siècle, les moines de Beaulieu, seigneurs d'une vaste baronnie, vexés, humiliés, contaminés par les manants de Loches, *maraux mal complexionnés* que la ville renfermait alors, s'étaient vu contester un à un avec une âpreté et une ténacité singulière leurs plus précieux priviléges. En 1430, il mouraient de faim dans les ruines de leur abbaye dévastée par la guerre, en face du tombeau de Foulques Nerra, qu'ils avaient retrouvé à grand'peine sous un monceau de décombres provenant de l'incendie de leurs bâtiments, et qu'ils avaient fait rétablir dans l'église même près de la porte de la sacristie.

Mais si l'on voulait admettre que le donjon de Loches ne fait pas partie de l'œuvre considérable du plus aventureux des comtes d'Anjou, l'honneur alors en reviendrait, après le profit, non pas à Geoffroy Grisegonelle, le père de Foulques Nerra, car il nous paraît impossible de faire remonter au xe siècle cette remarquable construction, mais à l'un des deux successeurs immédiats du Faucon-Noir, Geoffroy Martel, ou Foulques-le-Réchin, à cause de la concordance parfaite des caractères archéologiques du monument.

A défaut de ce grand pécheur de Foulques Nerra, nous n'aurions pas encore trop à nous plaindre de l'origine de la vieille tour; les deux puissants seigneurs que nous venons de citer possédant, à un degré très-suffisant, la qualité essentielle que nous nous permettrons d'appeler la qualité littéraire : celle qui nous est surabondamment indiquée par le surnom qui s'est attaché à chacun d'eux, et qui nous les peint à merveille. Geoffroy II, surnommé Tudel, ou Martel pour ses succès militaires, était présumablement une sorte de forgeron qui pulvérisait ses ennemis du tranchant de son épée en guise de marteau. Foulques IV, Réchin, autrement dit hargneux, querelleur, colère, fantasque, revêche, tous les synonimes que comporte la langue de notre ancien mot plus énergique rêche, rêtu.

Avant d'examiner les dispositions intérieures et extérieures de la bastille de Loches aux xie et xiie siècles, qu'il nous soit permis de faire précéder notre travail d'une description sommaire des forteresses du même temps, afin d'en donner au lecteur une idée préalable, et pour le familiariser en peu de mots avec le sujet que nous avons entrepris de traiter. On voit par les récits des Bollandistes et de Guibert de Nogent qu'elles étaient invariablement entourées de fossés profonds, garnis d'un palis, appelé communément boulevard, composé de fortes pièces de bois équarries plantées perpendiculairement, grossièrement jointives, taillées en pointe à leur sommet, et solidement unies entre elles par des liens horizontaux chevillés et boulonnés. Un talus en terre battue et gazonnée consolidait le rempart du côté de l'ennemi ; des tours en interdisaient les approches. Un pont jeté sur le fossé s'élevait par degré jusqu'au terre-plein en forme de butte qui supportait le donjon ; massive construction rectangulaire, flanquée de contreforts arrondis, terminés en tourelles au niveau de la plate-forme.

C'était dans une grande salle au premier étage de ce donjon que se tenait habituellement le baron, vêtu de mailles. — L'œil sanglant, le front plissé, le geste et la parole également menaçants, il était là, semblable à une araignée dans sa toile, guettant quelque proie voisine qui cheminait sur son terrain, ou roulant dans sa pensée le plan de quelque agression soudaine sur le domaine mal défendu d'une veuve ou d'un orphelin. Pour arriver jusqu'à lui, il fallait gravir à l'échelle une hauteur de plus de vingt pieds, dans un étroit passage facile à intercepter ; rarement il existait un escalier secret pour le service de cette salle, ou pour mieux dire de ce perchoir.

En contrebas de cet étage, que Guibert de Nogent ne craint pas de qualifier du beau nom antique de *Triclinium*, sous une voûte épaisse et sinistre, dans un lieu profondément encaissé entre de robustes murailles dépourvues de portes extérieures, et presque complétement privé du bienfait de la lumière et de l'air vital, se lamentaient, ainsi que dans un enfer, une foule de prisonniers toujours aptes à payer rançon, qui ne sortaient de cet abîme qu'après avoir satisfait aux exigences de la plus infâme avarice; au-dessus on comptait ordinairement deux autres étages et une plate-forme.

Bientôt enrichi par le métier lucratif qu'il faisait, le possesseur de la forteresse tendait presque toujours à en augmenter les défenses; il couvrait l'entrée du pont d'un ouvrage avancé, substituait aux palis en bois des murailles épaisses en maçonnerie, portait parfois jusqu'à trois les enceintes concentriques de fossés dont il aimait à s'envelopper pour la sureté de ses richesses. La place, ainsi accrue, se trouvait désormais en état de braver les chances dangereuses d'un siège ; car, si l'on admet de nos jours en principe théorique qu'il n'est pas de fortifications imprenables, une pareille assertion émise pendant toute la durée du Moyen-Age, à partir de onze cent, aurait paru diamétralement opposée aux enseignements de la pratique.

Nous ne craindrons point, à présent, d'aborder le sujet principal de cette étude, en prenant à l'avance l'engagement d'éviter les prolixités inutiles et de rester clair et concis autant que cela se pourra faire. Surtout, nous n'aurons garde d'oublier que nous nous adressons, plus particulièrement, à cette classe élégante de gens du monde qui aime les antiquités d'inclination naturelle, mais non pas avec cette violence de sentiment, caractère de la passion archéologique parvenue à son maximum d'intensité.— Sans doute ces personnes ne nous pardonneraient pas l'ennui que nous leur aurions occasionné avec nos tours, merlons, murs d'échiffre, courtine, et autres ingrédients somnifères, à l'usage de l'écrivain monumentaliste. — Quand aux antiquaires fanatiques, ceux-là ont habitué leur esprit à une nourriture quotidienne bien autrement indigeste que celle qu'il nous est loisible de leur servir, ils en vivent, ils s'en repaissent, l'ère celtique leur fait avaler ses cailloux, l'ère romane ses lourdes colonnes : ils avaleront notre citadelle, pour grosse que nous la fassions.

II.

L'ENSEMBLE des ouvrages qui composaient l'ancien château fort de Loches, dont la prison actuelle était le point important, couvre des débris les plus majestueux un plateau de roche tendre qui se dirige du midi au nord, parallèlement au cours de l'Indre, à environ vingt mètres de hauteur à pic au-dessus du niveau de la rivière. Ce plateau, étroit et long, arrondi à son sommet terminé par une face oblique, au nord, rappelle, en quelque sorte, la forme, grossièrement ébauchée, du stade antique : il est entouré de murailles en ruines, et domine la ville, du sein de laquelle il s'élève comme l'acropole des cités grecques. Une collégiale, contemporaine du donjon, occupe un des côtés de sa base. Près de là se voit un palais du XIVe siècle, séjour du belliqueux Charles VII, un de nos glorieux monarques français, injustement calomnié par la rancune toujours vivace de l'Angleterre, qui le poursuit encore du reproche perfide d'oubli, d'ingratitude et d'abandon envers l'infortunée Jeanne-d'Arc, accusée de sortiléges et de commerce avec le diable, c'est-à-dire du plus abominable des crimes aux yeux du monde chrétien.

En vertu des bienfaits dont il a comblé la ville de Loches, qu'il habitait de préférence, la justification tardive tentée en faveur de la mémoire de Charles VII par un trop petit nombre d'écrivains français qui ne se sont point rendus esclaves d'une opinion préconçue, évidemment suggérée par les ennemis de notre patrie, ne nous paraît pas déplacée. Nous saisissons, au contraire, avec bonheur, une occasion favorable de rendre justice au champion infatigable de notre nationalité, à l'implacable ennemi du léopard anglais, qu'il a su vaincre et museler. — Bien loin de pouvoir defendre, échanger ou racheter la malheureuse vierge de Domremi, Charles VII, accusé de complicité avec elle, s'est vu réduit, après la condamnation de l'héroïne, à se disculper devant l'opinion publique d'avoir accepté son secours. — C'est même dans le but avoué de laver les lys de cette tache, qu'après avoir épuisé tous les moyens de sa politique pour obtenir en cour de Rome la révision solennelle du procès de Jeanne, Louis XI a dû faire intervenir la mère et ce qui restait de la famille de la jeune martyre, afin de surmonter par ce dernier et irrésistible moyen les invincibles obstacles apportés jusque là à cette révision réparatrice par l'influence du cabinet anglais.—On peut dire, sans aucune exagération, que la mort infamante de Jeanne avait porté un rude coup à la cause du véritable roi de France, et que, sans les conseils généreux d'Agnès Sorel, joints aux embarras inévitables d'une minorité en Angleterre, cette cause, plus qu'à demi gagnée, pouvait être perdue sans retour.

Nous ne prolongerons pas cette digression, peut-être intempestive, mais qui se trouve tomber à propos au milieu de notre sujet, puisqu'il s'agit de cette bonne ceinture que Charles VII a fait rétablir autour de la ville et du château de Loches, ceinture moins facile à dénouer que celle de ses belles maîtresses; la grosse tour carrée en était la boucle, et l'on sait que ces braves soldats du duc de Clarence, qui ont saccagé Beaulieu, ville ouverte, en 1412, n'ont point osé se frotter au piquant de ses ardillons.

En outre de la collégiale et du palais qui l'avoisine, une grande partie du terrain, compris dans le périmètre des murailles formant l'enceinte du château, était couvert de bâtisses, appartenant aux chanoines pour la plupart. — Des constructions plus récentes ont remplacé ces anciennes maisons; plusieurs se sont agrandies aux dépens de l'esplanade de la citadelle, vaste espace découvert où se trouvaient probablement réunis des hangars et autres bâtiments de service à l'usage d'une forteresse, tels que granges, pour abriter les engins de guerre, maréchalleries, fabriques d'armes, etc. On circulait, sans rencontrer aucun obstacle provenant de travaux militaires, depuis la porte principale de cette première enceinte, à laquelle on arrivait par deux rampes fortifiées à la base du plateau, une qui fait à présent l'extrémité supérieure de la grande rue de la ville, l'autre, qui conserve encore sa pittoresque appellation du Moyen-Age « l'*Escalade* », jusqu'aux approches du mur actuel de la prison; mais là, un fossé de vingt mètres de largeur creusé très-profondément, isolait la citadelle du surplus du château fort:

C'était d'abord sur la crête extérieure de ce fossé, un portail ou tour avancée nommée communément *la Marche*; il servait au même usage, et il avait la même destination que ceux dont on couvrait les têtes de pont dans l'intérieur de certaines villes, notamment à Prague en Bohême et à Burgos, où se voit le plus beau de tous. — Des restes apparents de tour ronde, dont on aperçoit les vestiges sur le même emplacement, semblent provenir d'une adjonction ayant pour objet d'encadrer, à une époque postérieure, le massif rectangulaire du portail entre deux demi-diamètres, sortes de bastions placés à droite et à gauche de l'entrée. — Ces débris sont apparents dans les fondations d'une petite maison isolée, construite précisément dans l'axe du principal pont-levis.

De ce portail, ou châtelet, on passait à l'aide d'un pont, dans une autre tour, ou second châtelet, plus important, ayant une forme presque identique. — Celui-ci était appliqué en avant du mur de face, à l'un des saillants du donjon, pour en protéger le pied. — Louis XI et Charles VIII ont considérablement augmenté, par la suite, les dimensions de ce portail primitif pour le mettre en état de recevoir de l'artillerie, ce qui l'a rendu méconnaissable. Toujours est-il bien évident que la grande entrée de la forteresse n'a jamais varié quant à la place qu'elle occupait avant la révolution. — On en aura la preuve en se faisant ouvrir un caveau de plain pied avec le sol de la cour, cellier du concierge de la prison, où les vissicitudes de la construction se manifestent clairement. — C'est une constatation importante que nous avons soigneusement faite, afin d'arriver à établir, d'une manière bien authentique, le système de défense adopté par l'auteur du tracé original.

La traversée du portail ouvrant immédiatement dans la cour même du donjon était un passage étroit, de 1 m. 60 de largeur seulement et de cinq mètres de longueur, coupé par deux portes intérieures, défendu par deux réduits collatéraux ou corps de gardes, d'où l'on pouvait tirer sur le pont en face et la tour qui le précédait, sur les deux côtés du portail, dans le sens de la longueur du fossé, et dans le couloir lui-même, qu'il s'agissait de franchir exposé aux coups des défenseurs, enfermés dans les deux réduits.—Deux salles superposées et une plate-forme crénelée, couverte d'un toit quadrangulaire, interdisaient les abords de cette porte par les vues nombreuses qu'elles avaient sur l'attaquant.

Une disposition tout à fait particulière au donjon de Loches, indice certain d'une architecture militaire déjà bien expérimentée dans ces temps reculés de notre histoire, et par là même extrêmement intéressante à étudier, venait rendre inutiles, par la combinaison la plus savante encore en usage aujourd'hui, les efforts de l'assaillant parvenu à s'emparer de vive force des ouvrages précédemment décrits, ainsi que de quelques autres disséminés dans la largeur du fossé et sur les glacis de la place.—Elle consiste en un grand *Redan* ménagé par l'ingénieur, afin d'accroître, avec ce puissant moyen de défense, les ressources de la garnison.

Pour préciser notre expression, consacrée en termes de l'art, qu'on se figure une masse rectangulaire élevée sur le plan d'un parallélogramme de vingt-cinq mètres de largeur, sur ses faces midi et nord, et de vingt et un mètres sur les deux autres côtés. —Supposez une ligne droite, perpendiculaire, passant par le milieu des deux faces principales de ce massif, qu'elle divise exactement en deux parties similaires ; une autre ligne coupant celle-ci à angle droit, en deux parties inégales, à sept mètres en arrière de la face nord, vous obtiendrez, en supprimant par la pensée un rectangle au nord-ouest, de 12 m. 50 sur sept mètres, un Redan égal à ces quantités, et vous formerez une construction qui ressemblera, en lui donnant cent pieds de hauteur, à deux tours carrées accolées ensemble, dont l'une, au nord-est, sera précisément le quart de l'autre en volume, image fidèle du donjon de Loches.

Grâce à cet ingénieux moyen de multiplier les surfaces, qu'on ne peut attribuer qu'à la tradition romaine, ce donjon, à peu près unique en son genre parmi ceux du même temps, présentait à l'ennemi, du côté de la montagne, un front égal à celui des plus grands quadrilatères fortifiés qu'on ait bâtis durant la période romane, il avait de plus cet avantage précieux de posséder un accès qu'on pouvait rendre à volonté véritablement inabordable.

Il nous reste à faire comprendre à ceux de nos lecteurs étrangers à l'art de la guerre, comment, par la simple combinaison de ce Redan, on était parvenu à neutraliser les tentatives d'attaques faites en dehors des règles, vulgairement appelées coup de main. —Afin de rendre une pareille explication intelligible, il est indispensable de recourir aux progrès simulés d'un assiégeant qui serait parvenu à se loger dans les précédents ouvrages, après la capitulation du château, et qui, ne pouvant s'y maintenir longtemps, aurait résolu de brusquer la reddition de la citadelle par un assaut.

Prenons cet assaillant au moment où il débouche dans la cour du donjon, derrière la courtine du nord, par le portail qu'on voit au saillant nord-ouest de la petite tour carrée.—Il lui fallait gravir un escalier droit composé d'une douzaine de marches en pierre, qui se présentait en face, aboutissant à la porte du donjon, placée à deux mètres au-dessus du sol, dans l'encoignure de la petite tour avec la grande, au point le plus fort de l'angle rentrant.—Le même escalier se retournait d'équerre par le moyen d'un palier, vis-à-vis de cette porte qu'il s'agissait de conquérir.—Il conduisait sur un plancher ou plate-forme en bois, établi pour border des meurtrières, faciles à apercevoir quoiqu'elles aient été bouchées; ce plancher régnait, trois pieds plus haut que le seuil de la porte, dans toute l'étendue du Redan, et couvrait aussi un espace, clos de murs, où se trouvait un puits caché sous son épaisseur.

L'unique porte extérieure du donjon étant fermée et solidement assujettie en dedans par des charpentes mobiles logées dans le mur, il s'agissait, pour l'assaillant, de se mettre en devoir de la forcer.

C'est alors que, massé sur la plate-forme dont nous venons de parler, au fond d'une cuve privée de largeur, dominée par de hautes murailles garnies de combattants, il demeurait exposé en plein, sans pouvoir ni s'en garantir ni les rendre, aux coups inévitables de l'assiégé libre de choisir ses victimes, et qui les atteignait à la fois :

Par des meurtrières ouvrant dans la salle basse de la petite tour ; elles prenaient d'enfilade et balayaient incessamment, à hauteur d'homme, toute la surface de la plate-forme, sans pouvoir être embouchées parce qu'il existait un espace suffisant et profond entre le flanc de l'escalier et la muraille;

Par le tir meurtrier des soldats placés sur le haut du portail et sur les murs de la première enveloppe, d'où l'on prenait l'ennemi en flanc et par derrière, à sept mètres au-dessus de lui;

Surtout, par les projectiles pesants et les matières brûlantes qu'on précipitait sans relâche du haut d'un large balcon en madriers, supporté par des poutrelles saillantes, promptement installé en temps de guerre au pourtour du donjon. — Ce point, élevé de soixante-quinze pieds environ au-dessus du sol, par conséquent n'ayant que peu de chose à redouter des flèches et des autres engins de guerre, surplombait le terrain envahi devenu tout à fait inhabitable. — Le nombre ni le courage, ni même cet entêtement chevaleresque dénué de raison, auquel tant de célébrités militaires ont dû leurs plus beaux succès, ne pouvaient rien contre ces insurmontables obstacles. — Philippe-Auguste, en 1204, en fit la cruelle expérience. Un premier siége qu'il tenta n'eut aucun succès ; il revint, et s'il réussit, après six mois de travaux, il le dut sans doute à la fatigue des défenseurs qui n'avaient pas comme lui la ressource de réparer leurs pertes journalières.

Après avoir franchi cette unique porte dont la conquête aurait coûté tant de sang, et qui ne nous coûte, à nous, qu'une cordiale poignée de main au concierge et quelques bonnes paroles à ce brave Turc, non moins féroce à l'égard des chats, avec son terrible collier de clous, que le fameux chien de Jadin, nous pénétrons dans la petite tour de ce donjon si bien gardé. — Sa disposition intérieure se révèle au premier coup-d'œil, depuis le haut jusqu'en bas, à cause de la disparition des planchers qui la divisaient autrefois en quatre étages.

Conformément au système généralement usité dans ces sortes de monuments, on se trouve dans une salle basse d'où partait un escalier de trente-cinq à quarante marches en pierre, coupé de deux paliers de repos pour monter à la salle principale, le *Triclinium* de Guibert de Nogent. — Cet escalier était établi sur un massif de un mètre de largeur, voûté en dessous à la façon des descentes de cave. Il desservait en même temps, en différents

DU CHATEAU DE LOCHES. 23

endroits de ses trois montées, six meurtrières étroites par où la salle basse prenait le peu de jour qui l'éclairait, et dégageait sous un plancher en bois et non pas sous une voûte, ainsi qu'on l'a dit mais à tort, à deux mètres en avant de la grosse tour, par un tambour en charpente analogue à ceux qu'on remarque sur le pont de beaucoup de navires. Pour favoriser une dernière tentative de résistance qui n'était pas dépourvue de quelques chances de succès, il est présumable que ce tambour, dont la trace est visible sur la muraille, était plafonné et crénelé. Le plancher même de la pièce au-dessus de l'escalier devait être muni de trappes dans le but d'accabler de là ceux des ennemis du dehors qui auraient fait irruption dans la salle basse, après avoir triomphé de tant de périls, si ingénieusement accumulés.

III.

EN nous livrant complaisamment, ainsi que nous l'avons fait, à l'étude attrayante des défenses du donjon de Loches, en expliquant les nombreux indices de leurs principales dispositions, nous avons eu pour objet de suppléer un peu à la brièveté regrettable de nos bons vieux chroniqueurs, qui n'ont presque jamais indiqué, d'une façon bien intelligible, la nature et la force des moyens de résistance d'une place assiégée. — Notre désir était aussi de faire ressortir par là, dans tout son jour, l'éclatante valeur des anciens preux, qui ne craignaient pas d'affronter journellement, à l'aide du système d'attaque le moins perfectionné, des dangers non moins grands que ceux des approches immédiates de ce donjon, et d'offrir en même temps à notre glorieux parti gaulois un exemple, choisi entre beaucoup d'autres, où l'on voit l'armure prudente de la noblesse, si commode, a-t-on voulu insinuer aux gens de petit courage, ne la garantir aucunement.

C'était en pareille circonstance que brillaient, au premier rang, des hommes comme Duguesclin, Barbazan, Boucicaut, Bayard. — A pied, la hache à la main, acharnés autour d'une porte qui leur refusait le passage et résistait à leurs coups, on les voyait, privés du secours efficace du canon, s'obstiner, un jour entier, à leur périlleuse besogne. — Vainement on roulait sur eux des blocs de pierre monstrueux, des poutres massives et rebondissantes, le génie de la guerre, qui leur servait de compagnon, couvrait leurs corps d'une égide. — Là, tant qu'ils demeuraient debout, ni la crainte, indigne de ces grands cœurs, ni la prudence même ne pouvaient faire entendre leurs avis captieux : l'honneur, la gloire semblaient les envelopper de rayons brûlants pour cacher à tous les yeux jusqu'à l'imminence du péril. — Tout à coup la masse inerte, ébranlée, bientôt détruite, se fendait rien que par l'effort de leurs bras. — Le fer, le bois, mis en éclats comme par l'effet d'une catapulte, volait autour d'eux de toute part : ils entraient, et avec eux l'implacable mort pénétrait dans la forteresse. — *Væ victis!* Malheur aux vaincus ! C'était aussi leur cri de guerre dans ces frénétiques assauts : ils avaient, pour l'excuser, le sang de leurs amis versé sans risque par la défense, et ces mêmes travaux qu'ils venaient d'endurer.

Il importe assez peu à notre auditoire de savoir bien précisément quelles étaient les distributions intérieures du donjon de Loches, comment on communiquait d'une tour dans l'autre, où les escaliers étaient situés, où les portes, où les fenêtres. Pourvu qu'on lui en fasse en bref discours une description sommaire, afin d'éclairer, s'il est possible, certains passages, demeurés obscurs, de cet amusant Froissart que chacun possède couramment aujourd'hui, on nous tiendra quitte du surplus. — Cependant, comme ce beau débris historique, témoignage éloquent, dans sa gravité magistrale, de nos mésintelligences passées, est menacé sérieusement d'une complète transformation pour y loger, séparément plusieurs catégories de prisonniers, trente personnes en tout quand la prison de Loches est bien remplie, auxquelles les vastes chambres des prisonniers d'Etat de Louis XI avaient suffi jusqu'à présent, et, comme il existe des précédents qui nous autorisent à frapper d'une suspicion légitime le résultat définitif de ces regrettables travaux, nous sommes obligé, bien malgré nous, à cause de cette circonstance fâcheuse, d'agrandir un peu nos limites; car ce nous est un soulagement anticipé de penser qu'à l'aide de notre travail, le visiteur désappointé pourra constater lui-même, en s'élevant successivement jusqu'au sommet de l'édifice, les infidélités coupables au texte du monument qu'on ne pourra faire autrement de se permettre.

Ainsi, pour obtenir ce résultat si mince de loger différemment deux douzaines de détenus fort bien et même fort confortablement logés jusqu'à cette heure, on va peut-être indignement traiter un vétéran de nos armes qui se repose du tumulte de ses combats dans un solennel silence, derrière les meurtrissures des boulets.

Ces murs austères seront donc blanchis, ces cicatrices effacées, ce couronnement en ruine, impossible à recomposer, un maçon impertinent le refera; un ignoble toit d'ardoises, maladroitement posé sur l'arrasement de la muraille, choquera sans doute les yeux de la vulgarité de son profil; et de la petite tour tronquée, qui peut dire ce qu'on en fera? Souhaitons ardemment, pour notre compte, de voir renoncer à ce projet de remaniement, qui ne tend pas à moins qu'à déshonorer à jamais cette noble ruine d'un édifice antérieur de près de cent ans aux Croisades, et dont le nom figure avec honneur en maints endroits de nos fastes. Assez peu rassuré désormais sur les destinées du donjon de Loches, nous poursuivons néanmoins notre humble tâche, essayant de dégager çà et là de la nuit épaisse qui les couvre des faits intéressants aussi bien pour l'historien que pour l'artiste.

Au faîte de l'escalier intérieur mentionné ci-dessus, on voit la porte donnant accès dans toutes les parties du donjon. — Elle débouche, au premier étage, dans une salle de la grande tour, pouvant contenir cinq cents hommes, tant les dimensions en sont vastes. Immédiatement à côté de cette première ouverture, il y a deux autres portes : l'une conduisait dans la pièce consacrée à l'usage du commandant de la forteresse, au-dessus de la salle basse de la petite tour; l'autre ouvre sur un couloir secret, de 24 mètres de longueur, caché dans l'épaisseur du mur, aboutissant sous le plancher de la grande salle. De là, on descendait aux prisons. — Les indications dans cette partie quasi-souterraine sont extrêmement confuses et contradictoires. — On y reconnaît pourtant les fondations de deux gros murs qui divisaient la tour principale en trois travées ou nefs dans le sens de la longueur. — Il est à présumer que ces murs supportaient des voûtes basses interrompues en plusieurs endroits, notamment sur la longueur de la face à l'est du donjon et au droit d'une arcade enfoncée sous le mur du sud, où se trouvaient sans doute des escaliers et des couloirs qui desservaient ces caveaux, magasins, ou prisons, si l'on veut. — Le surplus de l'étage, au-dessus des voûtes et sous le premier plancher, ne recevait un peu de lumière que par cinq meurtrières apparaissant à douze pieds de hauteur en dehors du donjon; mais les caves étaient totalement privées de jour. L'air n'y pouvait circuler que par des trous carrés, appelés, en construction, trous de boulins, ménagés, au même niveau, dans le pourtour des murs.

Contrairement à l'opinion émise par M. de Caumont, nous certifions que la grande salle des gardes du premier étage était établie sur un plancher en bois soutenu par des murs ou par deux rangées de poteaux parallèles. — Le niveau de ce plancher était parfait, et non pas incliné du sud au nord : la cause de cette erreur de M. de Caumont vient de ce qu'il y avait un gradin sur toute la longueur du mur du sud pour élever le soldat à la hauteur des meurtrières et pour garantir, autant que possible, les troupes stationnaires dans cette salle du tir direct de l'ennemi. Les arrachements de ce gradin en pierre se distinguent encore ; ils autorisent en effet l'hypothèse de M. de Caumont, mais ils ne la justifient pas.

Cinq baies de fenêtres ouvrant au midi étaient combinées pour servir à la défense. Une grande cheminée à manteau conique, flanquée de deux autres fenêtres, occupe le mur à l'ouest. Cette disposition se répète aux étages supérieurs et dans la chambre du commandement. Elle est commune à tous les donjons de la même forme et du même temps ; on la retrouve même, dans la plupart des édifices civils ou militaires, jusqu'au commencement du xve siècle. — Dans la pièce contiguë, que nous venons de nommer de notre propre autorité la chambre du commandement, et qui n'était peut-être qu'un simple corps-de-garde chargé de veiller à la sûreté intérieure des deux portes intérieures, on ne remarque rien qui mérite d'être particulièrement noté.

Trois escaliers, à présent interceptés, desservaient l'étage au-dessus ; ils sont logés dans le mur, et leur existence ne se fait soupçonner que par des portes indiquant leurs points de départ et d'arrivée. — Celui d'entre eux qu'on pourrait nommer, à bon droit, l'escalier d'honneur, avoisine notre chambre dite du commandement; c'est le seul qui monte directement jusqu'au sommet de la tour. Beaucoup d'habitants de Loches l'ont exploré à partir du second étage. Il est, dit-on, bien conservé.

On passait de plain-pied de la grande salle du deuxième étage dans une chapelle contiguë, au-dessus de l'appartement du commandement. — Les murs en sont encore revêtus de parties d'enduit offrant de faibles traces de peintures à fresque; mais un fragment assez notable de ces peintures décore la voûte d'une grande niche orientée, où se trouvait un autel. — Trois petites fenêtres, placées très-haut, ne permettaient pas de voir au-dehors; elles étaient munies d'un grillage en fer, uniquement pour empêcher l'entrée des projectiles. — Enfin, on arrivait au troisième étage par deux escaliers seulement.

Un des points intéressants de la grande salle de cet étage, c'est une porte ouvrant au midi sur le balcon, ou promenoir saillant, qu'il était loisible à la défense d'installer au dehors, à cette grande hauteur. Ce balcon comprenait, dans son périmètre, évalué par nous à trois cent trente-six pieds environ, les deux tours accolées, formant l'ensemble du donjon. Il régnait au niveau du plancher même, et devait condamner à l'inutilité les baies de fenêtres ménagées pour tirer sur l'ennemi. Ces baies sont au nombre de trois sur cette face, comme à l'étage au-dessous, deux à droite de la porte donnant sur le balcon, l'autre à gauche. — Un foyer de cheminée, avec une seule fenêtre à côté, occupe le mur à l'ouest; la fenêtre absente est remplacée ici par un couloir dérobé, où se trouve présumablement un deuxième escalier conduisant sur la plate-forme.

Les murs de la petite tour, arasés au contrebas du plancher, ne permettent plus de constater la quantité et la nature des fe-

nêtres éclairant autrefois la pièce au-dessus de la chapelle. On peut conjecturer seulement que là se réunissaient, en dehors des vues de l'attaquant, les troupes destinées à opérer sur le balcon.
— L'emplacement de la porte, maintenant réduite, communiquant de la grande salle du troisieme étage avec cet endroit très-abrité, au lieu de se trouver dans la verticale des portes des deux autres étages, est rejeté dans l'encoignure opposée, la plus rapprochée de l'angle rentrant du Redan, c'est-à-dire au lieu le plus convenable, pour couvrir promptement de défenseurs le point essentiel de la fortification du donjon.

Désormais, les indications tirées de l'état actuel du monument vont nous manquer à peu près complétement pour la restitution exacte de la plate-forme et du couronnement des deux tours. — Les murailles en ruine ont baissé d'un certain nombre d'assises au sommet; ce sont précisément celles qui présentaient les renseignements dont nous aurions besoin pour en autoriser nos assertions. — Pourtant, si l'on veut bien nous permettre de procéder par la voie des inductions et de la logique, la seule qui nous soit ouverte, nous parviendrons sans doute à reconstituer, d'une façon presque satisfaisante, les éléments principaux des parties aujourd'hui détruites.

Après un examen minutieux de l'ensemble de la grosse tour, et particulièrement du dernier étage, il nous a été démontré que cet étage n'était pas voûté. Il se terminait, comme ceux de dessous, par un plancher supporté par deux rangées de poteaux, dans le sens de sa longueur. — Ces poteaux, qui partaient du fond, reposaient directement sur les murs des caves et s'élevaient successivement à l'aplomb les uns des autres jusque sous la plate-forme du donjon. L'existence incontestable de cette plate-forme à l'état de plancher en bois, implique nécessairement celle d'un toit pour l'abriter. Nous osons donc avancer que le donjon de Loches était recouvert d'un toit très-probablement en plomb au XIIe siècle. Quant à la pente de ses côtés rempants, à la hauteur de la pièce de faîtage, au raccordement de la couverture de la petite tour avec la grande, ce sont des questions secondaires qu'il n'est pas indispensable de traiter en ce moment.

Ce qui nous préoccupe davantage, c'est le profil de la crête du mur et l'ajustement du couronnement ; or, nous ne connaissons qu'un moyen de terminer l'édifice, conformément aux règles les plus ordinaires de l'architecture militaire de cette époque, c'est-à-dire en surmontant le sommet de chaque contrefort extérieur, d'une petite guérite ronde avec un toit conique épousant au dehors la forme demi-circulaire du contrefort lui-même, mais un peu plus saillante toutefois. Le mur de ronde était crénelé ; le toit, posé en contrebas des créneaux, s'ouvrait de distance en distance par des lucarnes où l'on établissait à couvert différentes batteries de mangonneaux et autres engins de guerre, qui lançaient à l'ennemi des dards démesurément longs ou des pierres d'une grosseur prodigieuse.

En ce qui concerne le balcon du donjon, nous devons avouer qu'il nous est impossible de l'accepter comme un simple trottoir mobile, un échafaudage passager offrant pour avantage unique un surcroît de surface aux combattants. Des trous réunis en plus grand nombre là que partout ailleurs, et régulièrement percés dans la muraille au-dessus de lui révèlent, selon nous, un ouvrage de défense bien autrement important. Nous voulons y voir une galerie élevée, construite en bois et couverte, percée de meurtrières et renfermant des escaliers ou des échelles pour communiquer en dehors avec les fenêtres du troisième étage et la plateforme du couronnement. De là s'établissait, pendant toute la durée d'un siége, un va et vient continuel de soldats. Pourvu de cet appendice, le donjon de Loches ressemblait exactement, quant à la forme extérieure, mais sur une plus grande échelle, aux blockhaus usités dans nos postes isolés de l'Algérie. Les machicoulis, objets d'ornement au xv⁰ siècle, étaient bien loin d'offrir les mêmes avantages que ces galeries élevées. Leur saillie évidemment insuffisante devait nuire singulièrement au volume et à la projection perpendiculaire des corps pesants qu'on laissait choir du haut des remparts. Quoi qu'il en soit, on les voit apparaître dès le xmⁿ siècle; ils remplacent les galeries construites en matériaux éphémères, et les font si bien oublier que leur existence même paraît, jusqu'à un certain point, problématique aux antiquaires.

Des fragments considérables de murailles en ruine sillonnent le terrain à l'intérieur de la citadelle. Tronquées en 1823, on voit que ces anciennes enveloppes du donjon, depuis longtemps inutiles, renfermaient trois cours fort irrégulières et de grandeurs différentes; elles devaient se rattacher obliquement à la courtine du nord, au point où s'élève aujourd'hui la grosse tour bâtie par Louis XI.

IV.

MALGRÉ la répulsion bien méritée que doivent causer aux honnêtes gens de tous les temps les habitudes sanguinaires et les mœurs abominables de la noblesse de France au xie siècle, nous avons goûté un vif plaisir à reconstituer authentiquement, sur les meilleures preuves, une des plus redoutables forteresses de cette époque, qu'on a surnommée à bon droit l'âge héroïque de notre histoire. Nous comparons volontiers ce plaisir à celui que prendrait, dans une autre circonstance, un soldat de nos grandes guerres, rencontrant sous le soc de sa charrue, en fouillant quelque sépulture séculaire, sur un ancien champ de bataille, les morceaux épars et rompus d'une armure du Moyen-Age. Interrompant soudain le sillon productif qu'il creusait, vous le verriez bientôt absorbé dans un travail d'un autre genre. Soulevant d'une main aguerrie la cuirasse couverte de rouille, il sourirait d'abord, non sans un secret mépris, lui qui se présentait au combat vêtu d'un simple habit de laine. Mais le casque, les brassards articulés, la cotte de mailles, tous les détails du harnais de guerre d'un chevalier surgissant de la couche épaisse qui les recélait, modifieraient en peu d'instants cette première et défavorable impression. Couchée sur le terrain devant lui, chaque pièce de la panoplie dûment analysée par un regard connaisseur irait sûrement se rattacher à la pièce adjacente. Enfin la grande épée à *mener les mains*, dont il essaie de faire usage, mais qui l'embarrasse par sa longueur et par son poids, la hache d'armes au manche de fer, les dimensions énormes des éperons d'or, le plongeraient dans un profond étonnement et le porteraient sans doute à concevoir une opinion toute différente de ces guerriers d'autrefois, non moins prodigues que lui-même de leur sang en toute rencontre, mais qui réunissaient à l'apparence des héros la taille surhumaine des géants.

Construite par ordre de Charles VII, pendant les années de paix qui ont suivi l'expulsion des Anglais des dernières places qu'ils occupaient dans son royaume, l'enceinte principale de la citadelle combinée en vue des effets destructeurs du canon, dont l'usage intelligent commençait à prédominer dans les siéges, offre à l'attention des connaisseurs et des hommes du métier, une première et très-intéressante ébauche du système de fortification qui a prévalu depuis. Elle consiste en cinq fronts de retranchements simples, sans extension de dehors, flanquées de tours dessinées dans la forme approchant le plus de celle du tracé des bastions modernes, c'est-à-dire présentant un saillant perpendiculaire à l'angle du front retranché sur la ligne capitale. Chacune des faces de l'enceinte, parfaitement défilée des vues du canon ennemi, ne s'élève au-dessus de la crête du chemin couvert, que d'une hauteur suffisante pour commander la campagne en dérogation, à l'usage généralement adopté par les ingénieurs précédents qui s'appliquaient à donner aux remparts de citadelle et aux murs de ville une élévation prodigieuse. Mais la profondeur du fossé creusé au devant des murailles compense pleinement cet oubli apparent des principes établis, elle est telle que, du haut des tours, il est difficile de l'envisager sans vertige. Des caponnières couvertes, voûtées en pierre dure, placées de distance en distance aux fond de ces fossés inaccessibles, procuraient conjointement avec les tours bastionnées une défense de flanc aux faces de la fortification.

Pour traverser ce fossé et passer de la citadelle sur la montagne de Vignemont qui lui était contiguë, il y avait une porte à présent bouchée, mais encore visible, percée dans la courtine entre les deux tours les plus rapprochées et précédée d'un pont-levis; elle servait aux communications de la place avec les glacis qui la précédaient, lesquels s'étendaient jusqu'à Bel-Ebat où l'on remarque dans une vigne les restes d'un escalier souterrain, et un puits de jour ménagés, afin de faciliter aux troupes l'accès des ouvrages extérieurs par des galeries de mine lorsque le pont était levé. L'aile droite de cette enceinte s'appuyait à celui des deux cavaliers de la porte Poitevine que Louis XI a fait abattre et remplacer par une forte tour, l'aile gauche se prolongeait jusqu'au petit fort St-Ours parallèlement au cours de l'Indre, dont les eaux refluaient, dit-on, dans les fossés de la citadelle.

Régulièrement et admirablement bâtie, la tour de Louis XI, dite aussi Tour Neuve ou des prisonniers, est assise sur le roc à l'angle nord-ouest de la forteresse; elle était posée de façon à protéger efficacement les abords de la porte Poitevine, le fossé de la citadelle en avant de la courtine du nord et les terrains de l'esplanade où se trouvait une poterne placée sous le feu de son artillerie. Elevée bien moins pour augmenter la force de la place déjà singulièrement déchue dans l'opinion des gens de guerre que pour y loger sûrement, et tenir pour ainsi dire sous sa main ceux des prisonniers d'Etat de Louis XI qui lui inspiraient le plus de craintes, on y entrait du dehors par un passage distinct destiné au service particulier de la prison. C'était un couloir partant du soubassement de l'ancienne tour désignée dans notre travail relatif au donjon sous son nom caractéristique, *la Marche*, lequel aboutissait après un trajet souterrain, derrière le chemin de ronde du rempart entre deux murs crénelés séparés par un trou de loup qu'on traversait sur un pont-levis à flèche, praticable pour une seule personne à la fois. Après avoir franchi ce pont, on se trouvait dans une grande salle de gardes ouvrant par une double porte sur un corps de bâtiment contenant six ou huit chambres habitées par les prisonniers de marque. Ce poste militaire communiquait avec l'intérieur de la citadelle par un escalier en hélice conduisant dans toutes les parties de ce sombre édifice et desservant, outre la chambre de la Question, qui a conservé son caractère sinistre et l'appareil principal de la torture, deux autres chambres à l'usage des hôtes du roi, et deux passages ou dégagements pris dans l'épaisseur des murs, au rez-de-chaussée et au premier étage. — Comme surcroît de précaution, il y avait à l'entrée du premier de ces deux passages une herse qu'on laissait tomber pour isoler les prisonniers; on remarque dans le même escalier un enfoncement ou guérite dans laquelle se tenait continuellement une sentinelle ayant pour consigne, en cas d'infraction aux règlements, de frapper d'abord dans le doute et de s'informer après. — C'était et c'est encore un lugubre séjour que celui de la tour de Loches, car nous le voyons aujourd'hui tel qu'il était sous Louis

XI, moins le corps de bâtiment attribué aux prisonniers de marque qui s'est écroulé tout d'un bloc en 1815, le lendemain de l'élargissement d'un fournisseur des armées, logé là pour l'exemple. — Et pourtant, quoique le cœur se serre devant ce luxe de ferrements aux portes, de treillis en fer et en charpente en dehors et en dedans des fenêtres, on voit néanmoins que de pareilles précautions n'étaient pas prises pour s'assurer de personnages vulgaires. — Le rang élevé des victimes s'explique par la grandeur même de la prison où elles gémissaient. — Tout est royal dans les murs de la tour de Louis XI, les cheminées des salles et les salles elles-mêmes sont immenses, les plafonds démesurément hauts, c'est un palais en son genre. — Un malheureux a pu écrire sans ironie ces mots que nous avons lus sur une muraille.

ENTRES. MESSIEVRS.
CHES. LE. ROY.
NOSTRE. MESTRE.

Dans les fondations de la tour on voit une salle circulaire voûtée, on y descend par un escalier particulier de quarante trois marches interrompues par des portes et précédé d'un corps de garde. — L'air qu'on respire dans cette salle basse circule, pesant et méphitique, par des meurtrières insuffisantes, percées dans un soubassement qui n'a guère moins de quatre mètres d'épaisseur. — C'était l'endroit qu'on avait choisi pour y dresser la cage non pas en fer, mais charpentée en bois, où l'on assure que le cardinal la Ballue passa tout le temps de sa captivité à Loches. — Il paraît évident à l'inspection du lieu de sa détention, d'après les traces de scellements régulièrement disposés au pourtour des murs, que le roi Louis XI, dont ce ministre avait indignement trahi la confiance, considérant la bassesse de son origine et son ignoble caractère, avait conçu l'idée originale, suggérée sans doute par la couleur pourpre des vêtements du cardinal, de faire établir la cage de son prisonnier sur un dé en maçonnerie, où trois rangées parallèles de barreaux de fer la maintenaient. — A cause de sa dignité de prince de l'église, c'était un papegai de nouvelle espèce que *ce bon apôtre de roi* s'était donné là, et certes, durant trois ans que la Ballue demeura dans cette indigne prison, la pensée de la situation étrange et pourtant plaisante où il se trouvait a dû récréer plus d'une fois l'esprit du monarque, porté comme on sait aux imaginations les plus bouffonnes.

Peu de temps après la translation du cardinal au château de Montbazon, le duc d'Alençon, Jean V, deux fois condamné à mort pour crime de trahison, et deux fois gracié par Louis XI, auquel on ne peut reprocher d'être coutumier du fait, fut étroitement renfermé dans cette même cage pendant trois mois. — Il y en avait une seconde dans une chambre haute du portail de la citadelle. Philippe de Commines, conseiller et chambellan du roi, honoré de son amitié et investi de toute la confiance que le soupçonneux Louis XI pouvait accorder à ses plus dévoués serviteurs, s'y vit confiné par le successeur de ce prince, le jeune et inexpérimenté Charles VIII, auquel la rancune de l'historien de son père a daigné pardonner les mauvais traitements qu'il y subit, mais non sans déclarer toutefois devant la postérité que le nouveau roi *était petit homme de corps et peu entendu.*

Nous avons pris à cœur, comme un soin important, de ne pas laisser propager l'erreur qui a fait attribuer à Louis XII, d'heureuse mémoire, les sinistres cachots de Loches, si épouvantables à voir. — Ils appartenaient aux fondements d'un troisième donjon, présentement démoli, commencé par Louis XI et continué par Charles VIII. Ce qui revient au Père du peuple dans la construction de ce honteux instrument de tyrannie, est précisément la partie de l'édifice qui s'élevait au-dessus du sol de la cour, dont il n'est resté qu'une salle de gardes. — Les étages inférieurs, où la recherche la plus raffinée de tortures a épuisé toutes ses inventions, ne lui appartiennent aucunement. — Cé sont quatre cachots, savamment gradués, superposés dans la hauteur du terrassement des fossés profonds de Charles VII. — Privés de plus en plus de lumière et d'air à mesure que l'on passe de l'un dans l'autre, ils sont desservis par un premier escalier coudé, intercepté par des portes massives à ses paliers de repos. — Celui-ci s'arrête au niveau du sol du fossé, à l'entrée du troisième cachot qui ne reçoit de jour, par une étroite barbacane, qu'à travers le vide où il passe ; là un autre escalier le continue, il descend sous terre, en spirale, dans la dernière et la plus horrible de ces tristes demeures de la nuit, où se trouvaient les oubliettes.

Des écrivains considérables, des hommes consciencieux, mais prévenus, ont nié systématiquement, par esprit de parti, l'existence de ces fosses banales toujours béantes attendant quelque victime. — Selon les lieux et les circonstances ils les transforment de mille façons, et font à leur sujet force suppositions inadmissibles. — La voix publique ne s'y trompe pas, non plus que les archéologues ni les architectes, ceux-ci les reconnaissent à première vue. — D'ailleurs la main qui les a taillées a toujours su leur imprimer un caractère fatal que rien ne peut plus effacer ou dissimuler. — Et puis comment expliquer des inscriptions du genre de celle-ci qu'on lit sous la fenêtre de l'avant-dernier cachot, à deux pas de l'orifice de l'un de ces puits :

Ce lundi xviiime
de juillet fut ci eus
estoc Guillemet po^r dire
vo^s ne le deues pas suire :

et cette autre, dans le souterrain au-dessous :

One Deus, miserere nobis 1518;

enfin ce seul mot plus éloquent encore :

Requiescat.

Après de pareils témoignages dont l'authenticité n'est malheureusement pas douteuse, nous n'ajouterons rien en faveur de l'opinion que nous défendons, n'ayant pas l'intention d'insister sur ce triste sujet, et de créer, en faisant appel aux sentiments généraux d'humanité, un intérêt de mauvais aloi, apanage ordinaire des plus médiocres écrits. — Non, le but que nous poursuivons dans cette monographie n'a rien de commun avec les accusations odieuses et justement méprisées de l'ancien parti philosophique. — Les admirables travaux des historiens modernes ont enfin dégagé la vérité du mensonge, et l'on sait aujourd'hui, mais trop tard, ce qu'il faut croire des prétendus crimes de nos rois, et de la barbarie du Moyen-Age à partir du règne de Saint-Louis, qui, lui aussi, a fait construire des oubliettes dans ses châteaux.

En enregistrant de fréquentes exécutions clandestines, le plus souvent motivées, l'histoire nous oblige à rechercher dans les monuments que nous décrivons les traces subsistantes de cette déplorable coutume pour corroborer ses récits. — Or, puisque ces exécutions ne pouvaient demeurer cachées ailleurs que dans l'enceinte d'une prison, et que les oubliettes n'en trahissaient jamais le secret, c'est un devoir pour nous de constater l'existence de ces funèbres récipients, toutes les fois qu'elle nous paraît surabondamment démontrée. — On n'en compte pas moins de trois à Loches et pourtant il paraît y en avoir une quatrième, nous l'avons cherchée vainement.

A l'exception du duc de Milan, le brave et malheureux Ludovic Sforce, vendu misérablement à son ennemi par les troupes suisses qu'il avait à sa solde, on ne connaît pas les noms des personnages historiques qui ont habité particulièrement ces redoutables cachots.—La chambre de l'illustre prisonnier témoigne encore maintenant en faveur de son courage, elle nous le montre supportant noblement les rudes coups de la fortune.—Nous avons le premier recueilli patiemment et retrouvé le sens de quelques unes des pensées mélancoliques du prince vaincu. Par malheur elles semblent prouver que Louis XII, ordinairement si généreux, a failli vis-à-vis de son captif aux devoirs de l'humanité. Peut-être le roi de France avait-il, pour en agir ainsi, le souvenir trop récent de ses propres souffrances durant ce long siége de Novarre, où ce même Ludovic semblait s'être promis de le laisser périr par la faim, espérant ainsi se débarrasser à peu près loyalement de son compétiteur au duché de Milan.—Le récit des mauvais traitements que Sforce eut à subir à Loches, au dire de Mezerai, se trouve pleinement confirmé par une inscription qu'on lit au-dessus de la cheminée de sa chambre, de chaque côté d'une figure emblématique où il s'est représenté en buste de profil, coiffé d'un heaume de prince féru d'une épée faussée (1) dans le gorgerin.

> IE. PORTE. EN. PRI *son*
> POVR. MA. DEVISE. QVE ie *m'ar*
> ME. DE. PACIENCE. PAR. *gran*
> DE. PENES. QVE. LON. *me*
> FAIT. (2)

(1) Par ce détail Sforce prétendait sans doute indiquer la rude guerre qu'il avait faite à la France et le succès passager de ses armes.
(2) Nous avons rétabli le sens de cette inscription tronquéé par l'humidité, à l'aide de quelques mots indiqués en caractères italiques.

Ayant obtenu pinceaux, échelles et couleurs, ce vigoureux soldat, obligé de réagir sans cesse contre lui-même, entreprit de rendre sa prison plus supportable et le cachot qu'il occupait plus digne de lui en couvrant l'affreuse nudité des murs de peintures rustiques exécutées à la manière de son pays.—Surmontant, avec la mâle énergie d'un grand caractère, les désespoirs inutiles, il commença et mena à bonne fin la décoration singulière qui subsiste encore en partie.—Elle embrassait la voûte, les quatre murs de sa chambre et ceux d'un réduit attenant.—Ce qui reste consiste en plusieurs zônes horizontales de lettres supérieurement dessinées, enrichies d'étoiles et bordées de cordelières. — L'ordonnance de l'ensemble est tout à fait irréprochable, l'effet en était certainement énergique et grandiose, en même temps qu'original, trois qualités bien précieuses qu'on ne trouve presque jamais réunies dans les œuvres d'un artiste improvisé. — Nous avons déchiffré, non sans peine, trois zônes de ces caractères, elles faisaient partie d'une seule inscription impossible à recomposer. —Dans la voûte, où les lettres paraissent avoir 70 à 80 centimètres de hauteur, on lit :

CELVI. QVI. NET. PAS. CONTAN.

au-dessous en deux lignes

A. FORTVNE. IE. NE. PA.....
IE. PLAINDRE. ME. D.....

La troisième ligne, avoisinant le sol, nous a paru indéchiffrable. —Mais en examinant le sens général des mots précédents, il est aisé de se convaincre que la pensée complète du prince est résumée plus brièvement sous le linteau de la fenêtre dans cette apostrophe pleine de tristes regrets.

A. QVI. NE. CRENT
FORT. TVNE. NET. P
AS. BIEN. SAIGE.

« Ah! qui ne craint fort et fortune n'est pas bien sage. »

Heureusement, pour l'honneur de son règne, Louis XII, revenu enfin à de meilleurs sentiments, se relâcha de sa première rigueur. Sforce, désormais traité conformément à son rang, fut transféré dans une chambre haute du bâtiment attenant à la tour de Louis XI, c'était encore une prison, du moins elle était habitable.

—On l'y servait, dit l'auteur du *Dictionnaire historique de l'arrondissement de Loches*, avec distinction, il paraît même que dans la dernière année de sa vie il avait obtenu la faveur de sortir au dehors et de se promener à cinq lieues du château, sous la garde de quelques soldats écossais. — Il mourut à Loches, présumablement dans cette chambre, en partie détruite par l'éboulement de 1815, après une captivité de dix ans et fut enterré dans la nef de la Collégiale, à l'entrée du chœur, où le nouvel architecte du monument devrait faire replacer une pierre commémorative.

Les forces du valeureux prisonnier, peut-être épuisées par la maladie, ou peut-être même le bien-être qu'il éprouvait dans sa situation nouvelle, ne lui ont pas permis d'entreprendre des travaux analogues à ceux de son cachot.—Il s'est contenté de graver profondément, à l'aide d'un outil tranchant, des pensées et des vers formulés en français avec une certaine grâce militaire qui leur donne beaucoup de valeur.—Nous avons recueilli, entre autres, la pensée que voici, c'est un retour amer contre les odieuses imputations de ceux en qui il avait placé sa confiance et qui voyant sa chute et son infortune l'accablaient nonobstant.

  IE. CONNOIS. BIEN. QVE. PLVSIEVRS. SONT. DE. CEVX.
  EN. ÇA. QVE. TANT. CVIDA. (1)
  A. QVI. SOVBDAIN. VNG. BEAILLE. CONGE.
  QVE. VEVLT. TVER. SON. CHIEN. ON. LVI. MET. SV.
  DE. ESTRE. ENRAGE.
  AINSI. ESTRE. DE. LA. POVRE. PERSONNE.
  QVE. ON. VEVLT. HAIR.

(1) En qui je croyais tant.

Les vers sont plus intéressants encore, ils font allusion aux démarches qu'il tenta à diverses reprises durant le temps de sa captivité pour obtenir une entrevue de Louis XII. Le dernier vers semble prouver qu'elle lui fut accordée, mais non sans peine. Le tout est écrit dans une encoignure sur deux murailles contiguës. Le duc de Milan s'exprime ainsi :

IE. MEN. REPENS. CELA. NE. VAVLT. RIEN.
CAR. IAI. VOVLVS. TOIMDRE (1). MON. CVEVR. AV. TIEN.
POVR. MON. PLAISIR. ET. TV. CVI (2). FAICT. LA. GVERRE.
SI. NE. TE. DOIS. DESORMAIS. PLVS. REQVERRE.
QVANT. VOVLENTE (3) ME. FAIRE. AVCVN. BIEN.
TROP. DE. PEINE. EVX. (4). A. TROVER. LA. MOYEN.
PARLER. A. TOI. CHERCHANT. TON. ENTRETIEN.
QVE. IAI. TROVVE. DIFICILE. A. CONQVERRE.

Afin de ne pas affaiblir l'impression que ne peuvent manquer de produire les plaintes si dignes et le sort de l'infortuné Ludovic Sforce, nous ne transcrirons pas ici un grand nombre d'autres inscriptions échappées aux loisirs de personnages inconnus et disséminées dans toutes les parties du monument. Cependant pour dissiper autant que possible le nuage de tristesse qui s'est répandu malgré nous sur les dernières pages de notre notice nous terminerons par ce charitable avertissement d'un prisonnier du roy à l'un de ses gardes.

EN. RONDE. YVROVGNE. ET. PREND.
BIEN. GARDE. QVE. LE. VIN. NE. TE. RENVERSE.
DV. HAVLT. EN. BAS. DES. RENPARS.

(1) Tendre.
(2) Je t'ai.
(3) Voulant.
(4) Eus.

BAILLARGÉ, architecte.

www.ingramcontent.com/pod-product-compliance
Lightning Source LLC
Chambersburg PA
CBHW060945050426
42453CB00009B/1134